Schirner
Verlag

Die in diesem Büchlein dargestellte Methode vereint die Kraft des fühlenden Unterbewusstseins, die bewusste willentliche Ausrichtung und die irdische Tatkraft in einem einfachen, hochwirksamen Ritual. Der Leser erfährt, auf welche Weise er all seine Energien bündeln und durch eine einfache tägliche Handlung, die er selbst bestimmt, dazu beitragen kann, dass sich seine Wünsche und Ziele erfüllen. Zahlreiche Fallbeispiele zeigen, auf welch vielfältige Weise dies geschehen kann und machen dem Leser Mut, sich der eigenen Schöpferkraft anzuvertrauen.

Susanne Hühn, Jahrgang 1965, ist ausgebildete Lebensberaterin und ganzheitliche Physiotherapeutin. Sie schreibt spirituelle Selbsthilfebücher und gibt Lebensberatung, Channelings sowie Meditationskurse für Erwachsene und Kinder. Seit nunmehr über fünfundzwanzig Jahren begleitet sie Menschen auf ihrem Weg zur Genesung. Mit dem Schreiben begann sie vor siebzehn Jahren. Zunächst vermittelte sie ihr spirituelles Wissen in Romanform, dann entwickelte sie Sachbücher und CDs, die sie mittlerweile in großer Zahl veröffentlicht hat.

Besuchen Sie Susanne Hühn auf ihrer Website:

www.susannehuehn.de

2014

Susanne Hühn

Frei von allen Sorgen

In 3 Schritten zum Glück

hab dich lieb,
Deine Nici

Schirner
Verlag

ISBN 978-3-89767-846-0

Susanne Hühn:
Frei von allen Sorgen
In 3 Schritten zum Glück
© 2009 Schirner Verlag, Darmstadt

Umschlag: Murat Karaçay
unter Verwendung des Bildes
Nr. 8365403 von Kirk Warner
www.fotolia.de
Redaktion: Tamara Kuhn, Schirner
Satz: Tamara Kuhn & Katja Hiller,
Schirner
Printed by: ren medien, Filderstadt,
Germany

www.schirner.com

4. Auflage Januar 2014

Inhalt

Vorwort

Liebe Leserinnen, liebe Leser!

»Frei von Sorgen zu sein – wie soll das gehen«, mögen Sie sich fragen, »wie kann denn ein Buch meine Probleme lösen?« Nun, ein Buch kann das natürlich nicht. Ich möchte Ihnen aber eine Methode vorstellen, ein Ritual, mit dem Sie wieder Bewegung in festgefahrene und unbefriedigende Situationen bringen können. Manchmal fehlt einfach eine Zutat, damit der »Kuchen des Lebens« richtig aufgeht, manchmal braucht man nur einen Schlüssel, mit dem man eine scheinbar fest verriegelte Türe ganz leicht öffnen kann. Das Ritual ist kein geheimes Wundermittel, es basiert auf einem ganz bekannten und von vielen Menschen bereits sehr erfolgreich genutzten geistigen Gesetz:

Die Energie folgt der Absicht.

Was heißt das? Es gibt das geistige Gesetz der Anziehung. Sie ziehen immer das an, worauf Sie Ihre Aufmerksamkeit lenken, besonders aber das, worauf Sie Ihre Handlungen ausrichten – sei es hilfreich oder nicht. Wenn Sie also in einem Bereich Ihres Lebens wie erstarrt sind, ratlos vielleicht, mutlos, oder wenn Sie einfach nicht weiterwissen, dann kreisen Ihre Gedanken um Ihr Problem. Sie sind handlungsunfähig, und damit ist Ihre Schöpferkraft blockiert. Sie wissen keine Lösung, Sie verstärken das Gefühl der Ohnmacht – Sie kennen das.

Aber finden Sie auf diese Art einen Ausweg, bekommen Sie so Klarheit? Nein, natürlich nicht, weil Ihre Schöpferkraft auf diese Weise nicht wirken kann. Sie brauchen eine Handlung, damit es weitergeht, doch Sie wissen nicht, was genau Sie tun sollen, richtig? Sonst würden Sie es ja tun.

Sie sind aber bereits zu einer sehr wichtigen Erkenntnis gekommen – Sie wissen nämlich, was Sie NICHT wollen! Wenn Sie wissen, was Sie nicht wollen, dann ist es nur noch ein kleiner Schritt zur Befreiung von Ihren Sorgen.

Mit diesem Ritual ändern Sie den Bezugspunkt Ihrer Aufmerksamkeit, also das, worauf Sie sich konzentrieren. Anstatt sich weiter um Ihr Problem oder Ihre Sorgen zu kümmern, tun Sie etwas für die Lösung. Allein das Wissen darum, dass Sie etwas dazu beitragen können, gibt Ihnen vielleicht schon wieder Mut und Zuversicht.

Sie laden mit dieser ganz einfachen Methode eine neue Kraft ein, die »Hefe des Lebens«, Ihre Schöpferkraft. Sie öffnen sich in drei einfachen Schritten dafür, dass sich eine Lösung findet, an die Sie selbst wahrscheinlich noch gar nicht gedacht haben. Oftmals findet man einfach deshalb keinen Ausweg, weil man nicht das ganze Bild sieht, sondern nur einen bestimmten Ausschnitt – man steckt fest. Das macht nichts, aber es sollte Ihnen bewusst sein.

Wenn Sie nun zulassen, dass durch eine zielgerichtete Handlung wieder Bewegung in Ihre Angelegenheit kommt, dann finden sich auf einmal die Möglichkeiten, auf die Sie niemals gekommen wären.

Sie öffnen durch das Ritual neue Wege, Sie verlassen die innere Sackgasse und finden Ihre Schöpferkraft wieder.

Eine meiner Bekannten zum Beispiel hatte eine Wohnung zu vermieten. Sie fand Mieter, die ihr auf den ersten Blick sehr nett erschienen, aber rasch ihr wahres Gesicht zeigten. Sie breiteten sich im ganzen Haus aus, nutzen die Garage, alle Kellerräume, den Hof – meine Bekannte wusste nicht, was sie tun sollte. Sie wusste aber, was sie nicht wollte, nämlich Mieter, die sich wie Hausbesetzer verhalten. Natürlich sagte sie ihnen, sie möchten sich bitte an die im Mietvertrag festgelegten Räume halten, aber die Mieter ignorierten sie einfach. Irgendwann wurde es meiner Bekannten zu viel, sie schrieb die Kündigung und warf sie in den Briefkasten. Nun sollte alles gut werden. Doch nichts geschah, die Mieter zogen nicht aus, sie reagierten gar nicht auf das Schreiben. Meine Bekannte war sehr ratlos und verzweifelt, als sie mir davon erzählte. Sie hatte nicht die Kraft, sich weiter mit diesen Menschen auseinanderzusetzen. Wir führten das Ritual durch, und siehe da, das Wunder geschah: Nach ein paar Wochen zogen die

Mieter tatsächlich aus. »Ist ja klar«, werden Sie nun sicher denken, »da gab es ja auch die Kündigung, natürlich reagierten sie irgendwann.« Aber weit gefehlt, liebe Leser, meine Bekannte hatte die Kündigung nämlich gar nicht eingeworfen! In ihrem Ärger und ihrer Überforderung war sie so zerstreut gewesen, dass sie irgendeinen Zettel in den Umschlag gesteckt hatte, die Kündigung selbst lag noch unberührt auf ihrem Schreibtisch!

Habe ich Sie neugierig gemacht, möchten Sie mehr über das Ritual erfahren? Dann schreiten Sie gleich zu Tat! Holen Sie sich bitte zunächst etwas zu schreiben und einige Blatt Papier.

Sitzen Sie bequem? Nehmen Sie sich nun eine halbe bis eine Stunde Zeit. In dieser Zeit kümmern wir uns gemeinsam um Ihre Sorgen – damit sie endlich verschwinden können.

Also, liebe Leser – wo drückt der Schuh? Was ist das Problem? Schreiben Sie jetzt, auf der Stelle, auf, was Sie gerne anders hätten, auch und gerade dann, wenn Sie nicht wissen, WIE Sie es ändern sollen. Wüssten Sie es, hätten Sie es ja schon längst getan. Also – in welchen Bereichen Ihres Lebens brauchen Sie mehr Licht, Kraft, Gesundheit, Liebe, Fülle, Ordnung, Frieden, oder auch einfach nur eine Entscheidung?

Mein Problem ist Folgendes ...

_____

_____

_____

_____

_____

_____

_____

Doch, doch, schreiben Sie es ruhig auf. Hier wird nicht positiv gedacht, hier geht es um das, was Sie bedrückt. Allein das Aufschreiben setzt schon einen heilsamen Loslassprozess in Gang.

Was immer es ist, ob Sie Geldsorgen haben, ob Sie sich zwischen zwei Möglichkeiten hin- und hergerissen fühlen oder ob Sie eine Kündigung erhalten haben – es wird Zeit, eine wichtige Kraft einzuladen: den Einfallsreichtum des Lebens selbst.

Die Evolution ist im Grunde eine einzige Fülle von gelösten Problemen. Eine Welt, die es schafft, auch noch in den merkwürdigsten und lebensfeindlichsten Gebieten der Erde blühendes Leben entstehen zu lassen, eine Natur, die sich immer wieder selbst erneuert und für jede, wirklich jede Schwierigkeit, die sie hat, einen Ausweg entwickelt, diese Natur wird auch Ihnen helfen. Das Leben selbst findet die Lösung, weil das Leben sich immer wieder selbst einen Weg bahnt, sich immer wieder selbst neu organisiert. Was also fehlt, ist schlicht die Kraft des Lebens.

Seien Sie zuversichtlich, und atmen Sie auf. Das Leben hat schon weitaus Größeres gemeistert. Solange Sie nicht mindestens eine mittlere, plötzlich auftretende Eiszeit anzubieten haben, sind die Probleme für die Schöpferkraft der Natur nichts als das übliche Tagesgeschäft. Damit will ich Ihnen keinesfalls die Dringlichkeit Ihrer Sorgen absprechen, sondern Ihnen zeigen, dass der Einfallsreichtum des Lebens selbst Lösungen finden wird, an die Sie nicht im Traum gedacht hätten.

Schritt 1: Das Gefühl

Was fühlen Sie, wenn Sie an Ihre Sorgen denken? Nehmen Sie bitte einen extra Zettel, und schreiben Sie Sätze auf, die beginnen mit:

Ich fühle ...

_____

_____

_____

_____

_____

_____

_____

_____

Eine Freundin, mit der ich das Ritual durchführte, brauchte dringend mehr Geld. Sie hatte drei Kinder, und es reichte weder hinten noch vorn. Sie schrieb also: »Ich brauche eine Lösung für den Geldmangel in meinem Leben, ich muss meine Miete bezahlen können.«

Ihre Liste sah folgendermaßen aus:

Ich fühle ...

... Ohnmacht   ... Wut

... Hilflosigkeit   ... Trauer

... Verzweiflung   ... Aggression

Sie sagte zu mir: »*Ich bin gefangen in einer Gedankenspirale, und es scheint keinen Ausweg zu geben. Ich finde immer wieder einen anderen Schuldigen, mal sind es die Kinder, mal ist es mein Exmann, weil er mir das Gefühl gibt, abhängig zu sein, mal meine Mutter, und mal bin ich es selbst. Ich drehe mich täglich im Kreis und suche einen Ausweg, aber da ist keiner. All das ballt sich in mir zu einer nahezu unerträglichen inneren Spannung zusammen ...«*

Erkennen Sie sich in dieser Beschreibung? Drehen sich auch Ihre Gefühle oft im Kreis, wenn Sie an Ihre Sorgen denken? Das macht nichts.

Hier geht es nun um Ihre Gefühle, egal welche es sind. Schreiben Sie sich bitte alles von der Seele, es sieht ja niemand. Was fühlen Sie wirklich? Wenn Sie Ihre Gefühle zunächst nicht wahrnehmen können, was gut sein kann, weil sie vielleicht wehtun und Sie sie verdrängen – was denken Sie dann, was Sie fühlen? Nehmen Sie sich zehn bis zwanzig Minuten Zeit, und erlauben Sie sich, wirklich zu fühlen, was Sie fühlen.

Meistens unterdrücken Menschen ihre Gefühle und winken innerlich ab, wenn es darum geht, sich mit ihnen zu befassen. »Ach komm, es hat ja sowieso keinen Sinn«, sagen sie oft und verhindern damit, dass die Schöpferkraft des Lebens eingreift.

Verstehen Sie, Sie brauchen nicht zu wissen, auf welche Weise sich Ihr Problem lösen wird. Sie brauchen nur zu erlauben, DASS es sich löst!

Haben Sie bitte keine Angst vor dem, was Sie fühlen. Ginge es Ihnen mit diesem Thema gut, bräuchten Sie ja das Ritual gar nicht. Schreiben Sie sich bitte alles vom Herzen, alles, was Sie bedrückt. Das Ritual wird dafür sorgen, dass Sie sich besser fühlen, aber Sie müssen sich selbst dort abholen, wo Sie stehen. Das ganze Schönreden hat keinen Sinn. Wenn Sie sich schlecht fühlen, dann ist das für den Moment Ihre Wahrheit, und das darf sie auch sein.

**Es geht um Ihre Wahrheit, um das,
was Sie tatsächlich fühlen, nicht um das,
was Sie Ihrer Meinung nach fühlen sollten.**

Es kann sein, dass es Ihnen gar nicht so leichtfällt, die eigenen Empfindungen auszudrücken und zu benennen. Möglicherweise sind Sie es nicht gewohnt, Ihre Gefühle so deutlich zu spüren oder gar Worte dafür zu finden.

Nehmen Sie sich dennoch die Zeit dafür – gerade weil es Ihnen möglicherweise schwerfällt. Die Gefühle sind es, die bis ins Unterbewusstsein wirken, und deshalb ist es wichtig, sie so genau wie möglich zu kennen. Denn wenn Sie erst einmal aufgeschrieben haben, was Sie fühlen, dann wird es leichter für Sie werden, zu erkennen, was Sie stattdessen fühlen wollen.

Vielleicht fühlen Sie einfach gar nichts. Aber Sie spüren, dass Ihr Körper reagiert, Sie bekommen Magenschmerzen oder Atemnot, Sie müssen husten, oder Sie werden müde – dann schreiben Sie bitte diese Reaktion auf. Alles, was Sie spüren und wahrnehmen, wenn Sie an Ihre Sorgen denken, sei es emotional oder körperlich, dürfen Sie dem vor Ihnen liegenden Papier anvertrauen.

Ihre Sorgen rauben Ihnen jede Menge Energie, und irgendwo macht sich das bemerkbar. Dieses »Irgendwo« erkunden Sie mit diesem Schritt. Alles, was geschieht, während Sie sich mit dem Punkt »Ich fühle …« auseinandersetzen, gehört dazu, selbst wenn es Ihnen abwegig vorkommt.

Vielleicht bekommen Sie auf einmal das große Bedürfnis, schnell eine Zigarette zu rauchen (oder ein Stück Schokolade zu essen, wenn Sie nicht rauchen), oder Sie werden unwillig – auch das gehört zu den Auswirkungen Ihrer Sorgen! Schreiben Sie es also bitte dazu.

Die meisten Menschen erkennen erst wenn sie sie aufschreiben, wie weitreichend sich die Sorgen tatsächlich auf ihr Leben auswirken, wie viel es ihnen tatsächlich ausmacht. Jetzt können die Selbstheilungskräfte und die Ihnen innewohnende Schöpferkraft eingreifen. Denn jetzt erkennt Ihr System, dass Sie tatsächlich ein Problem haben!

Schritt 2: Der Wille

Und hier sind Sie schon beim nächsten Schritt angelangt, liebe Leser: Was wollen Sie wirklich?

Ich will ...

_____

_____

_____

_____

_____

_____

_____

_____

Die Frage „Was wollen Sie?" ist möglicherweise zunächst gar nicht so einfach zu beantworten – denn wann haben Sie sich das letzte Mal gefragt, was Sie wollen? Versuchen Sie es!

Angenommen, Sie fühlen sich an Ihrem Arbeitsplatz nicht mehr wohl, dann könnte hier Folgendes stehen:

Ich will ...

... genug Geld haben, damit ich gar nicht mehr arbeiten muss.

... endlich das machen, was ich machen will.

... weniger arbeiten.

... Arbeit ausüben, die mir wirklich Spaß macht.

... andere Kollegen haben.

... endlich Anerkennung von meinem Chef.

... nicht mehr in diesem furchtbaren Büro sitzen.

... Urlaub.

Meiner Freundin, von der ich Ihnen schon erzählt habe, wurde beim Aufschreiben Folgendes klar:

Auf einmal fiel es mir wie Schuppen von den Augen: »Ich brauche finanzielle Unabhängigkeit, egal ob mehr Geld hereinkommt oder ob ich meine Ansprüche herunterschrauben muss. Trotz der meiner Ansicht nach wenigen Möglichkeiten, die ich habe, wünsche ich mir, dass das Leben einen Weg findet, mich zu versorgen oder aber mich lehrt, mit weniger auszukommen. Das Wort Unabhängigkeit ist dabei sehr wichtig. Ob ich das Geld selbst erarbeite oder ob es wie durch Zauberhand in mein Leben fließt, spielt keine Rolle, ich will mich in Geldfragen einfach nicht länger abhängig fühlen.«

Wozu dient das Aufschreiben? Je ehrlicher Sie sind, desto größer ist die Kraft, die freigesetzt wird. Hier geht es besonders um die verborgenen Wünsche, um das, was Sie bislang vielleicht selbst noch nicht wussten.

Verstehen Sie, jede Sorge beinhaltet verschiedene Aspekte. Wenn es nun einen Aspekt gibt, den Sie selbst nicht gutheißen, selbst wenn er Ihnen gar nicht bewusst ist, dann erlaubt Ihr Unterbewusstsein die Lösung Ihres Problems nicht so einfach. Etwas in Ihnen blockiert.

Eine sehr gute Bekannte erzählte mir vor einiger Zeit, sie sei hin- und hergerissen. Sie hatte eine Angestellte, die sie persönlich sehr mochte, die aber im Laden leider so unordentlich war, dass sie ihr eigentlich hätte kündigen müssen. Bei dem Gedanken an eine Kündigung aber ging es meiner Bekannten ziemlich schlecht, denn sie wollte der Mitarbeiterin, die beinah wie eine Freundin für sie war, nicht kündigen.

Was sollte sie tun? Gespräche mit der Mitarbeiterin brachten nichts, denn sie hörte zwar zu, änderte aber nichts und wurde manchmal unangenehm und aufsässig. Irgendwann wurde die Situation so unerträglich, dass meine Bekannte ihren eigenen Laden nicht mehr betreten wollte. Wäre sie ganz sicher gewesen, dass eine Kündigung das Richtige gewesen wäre, dann hätte sie es durchgesetzt, aber darum ging es nicht. Sie wusste es tatsächlich nicht.

Auf die Frage »Was willst du?« antwortete sie: »Ich will einfach Klarheit, ich will mich nicht mehr hin- und hergerissen fühlen, ich will wissen, was ich tun soll!«

Sie brauchen also nicht zu wissen, wie sich Ihre Sorgen lösen lassen. Ob Sie selbst daran glauben, dass das, was Sie wollen, eintreffen könnte, spielt gar keine Rolle.

Sie dürfen wollen, was Sie wollen!

Probieren Sie einmal folgende Frage aus, vielleicht hilft sie Ihnen: Was wäre, wenn Ihr Thema, Ihr Problem, gelöst wäre? Wie würden Sie sich dann fühlen, was wäre dann anders? Und DAS schreiben Sie bei »Ich will ...«

Ganz besonders wichtig sind außerdem die Dinge, die Sie sich nicht erlauben würden, wenn Sie Ihnen voll bewusst wären. Denn was wäre, wenn »Ich will in Wahrheit alleine wohnen« (also vielleicht sogar die Familie verlassen) oder »Ich will in Wahrheit diesen Job aufgeben« auftauchen würde?

Lassen Sie sich also Zeit, und graben Sie ruhig ein bisschen tiefer. Die wichtigsten Punkte liegen meistens etwas unterhalb der Ihnen vertrauten Bewusstseins-Oberfläche.

Es ist ein mutiger Schritt, all Ihre Beweggründe zu Papier zu bringen und Sie dürfen sich Ihre Leistung ausdrücklich bewusst machen.

Die Sorge einer Klientin war beispielsweise ein sehr schlechtes Betriebsklima. Sie liebte ihren Beruf, aber das Verhalten der Kollegen war kontraproduktiv, und die gesamte Situation wurde untragbar.

Während wir beide das Ritual durchführten, erzählte sie mir, sie wolle die Abteilung neu strukturieren, die Öffnungszeiten verlängern, die Kunden freundlicher und zuvorkommender behandeln, die Verkaufsräume schöner gestalten, Tage der offenen Tür veranstalten, eine Teeküche einrichten, mehr Geld verdienen, sich also voll und ganz der Arbeit widmen. Sie wusste also genau, was sie wollte und war voller Tatendrang.

Ihre Kollegin dagegen, mit der ich das Ritual danach durchführte, wollte nur noch von der Firma wegkommen, kündigen und viel mehr Zeit zu Hause verbringen.

Der dritte Kollege hingegen mochte eigentlich gar nichts verändern, sondern schlicht die unbefriedigenden Gefühle und den »Sand im Getriebe« nicht mehr erleben.

Sie sehen, auch bei ein und demselben Thema können die Hintergründe vollkommen unterschiedlich sein, und deshalb braucht es individuelle Lösungen.

Schritt 3:

Die rituelle Handlung

Wenn Sie mit dem Aufschreiben fertig sind, folgt nun der nächste, sehr besondere Schritt – der Schritt in die Handlung. Was sind Sie bereit, jeden Tag für die Lösung Ihres Problems zu tun?

Ich bin bereit, jeden Tag ...

_____

_____

_____

_____

_____

»Ja, aber …«, denken Sie jetzt vermutlich, »ich weiß doch eben nicht, was ich tun soll!« Und genau weil Sie nicht wissen, was Sie tun könnten, um Ihr Problem zu lösen, denken Sie sich bitte etwas aus. Kleine Handlungen, die Sie ganz leicht einmal am Tag durchführen können.

Was würden Sie jeden Tag tun, bis sich Ihre Sorge verabschiedet? Nur eine ganz kleine Tat, etwas Einfaches.

Ich bin bereit, jeden Tag …

… eine Kerze anzuzünden und sie ein paar Minuten lang brennen zu lassen.

… mir selbst im Spiegel zuzulächeln.

… mir jeden Tag eine Blume zu kaufen oder eine aus dem Garten zu pflücken.

… zwei Liegestütze zu machen.

… bewusst auf eine Zigarette (oder auf Schokolade) zu verzichten.

… eine besonders köstliche Tasse Tee zu trinken.

… ein bisschen spazieren zu gehen.

»Was soll denn das«, fragen Sie sich vielleicht, »der Anfang war ja noch verständlich, aber jetzt wird es sehr
merkwürdig.« Nein, das wird es überhaupt nicht. Es ist in
Wahrheit ganz einfach.

**Es geht darum, Ihrem Unterbewusstsein jeden Tag zu
zeigen, dass Sie darauf bestehen, sorgenfrei zu sein.**

Und dass Sie – wahrscheinlich trotz Ihrer Zweifel – Lösungen für möglich halten, auch wenn Sie diese nicht kennen.
Sonst wäre die Handlung ja sinnlos.

Die meisten Impulse kommen und gehen, bevor das Unterbewusstsein überhaupt darauf reagieren kann. Wenn
Sorgen nicht ernst genommen werden und der Wille zur
Lösung nicht bekräftigt wird, dann kann die Schöpferkraft
des Lebens nicht wirken.

Der Zweifel regiert, Sie kennen das sicher. Und er gewinnt.
Der Zweifel verhindert zuverlässig jede positive Veränderung in Ihrem Leben, wenn Sie auf ihn hören.

Die tägliche Handlung symbolisiert Ihrem Unterbewusstsein, dass Sie wissen, was Sie wollen und noch immer dahinterstehen. Vor allem aber, dass Sie darauf bestehen, dass Ihre Sorgen verschwinden und sich Lösungen zeigen!

Damit tricksen Sie Ihren Zweifel aus. Er darf da sein, das ist in Ordnung. Und JETZT zünden Sie Ihre Kerze an oder tun, was auch immer Sie sich ausgedacht haben, und setzen dem Zweifel eine symbolische Tat entgegen.

Die Tat ist immer stärker als der Gedanke, und der Zweifel wird sich bald zurückziehen.

Der Zweifel ist da, ja. Das macht nichts. Sie werden Ihre Gründe für Ihren Zweifel haben. Sie hören aber nicht länger auf ihn, sondern handeln trotzdem. DAS ist neu, nicht wahr?

Warum sollen Sie Ihre Handlung jeden Tag durchführen? Nun, weil auch Ihr Zweifel jeden Tag seine Botschaften in

Ihr Ohr flüstert. Wir brauchen ein starkes Gegengewicht, einen gleichmäßigen Anker.

Es nutzt Ihnen beispielsweise wenig, einmal im Monat eine Zweihundert-Kilo-Hantel auf dem Boden herumzurollen (denn hochheben können Sie sie vermutlich nicht), aber es ist hingegen sehr effektiv, jeden Tag eine Zwei-Kilo-Hantel zu stemmen. Genauso brauchen wir die tägliche Handlung, damit sich etwas in uns ändert. Sie programmieren Ihr Bewusstsein neu, und Ihr Gehirn lernt durch Wiederholungen. Alle zehn Tage zehn Kerzen anzuzünden ist zwar besser als gar nichts, aber jeden Tag eine ist NOCH besser.

All Ihre Absichten, Wünsche, Träume, sogar die großartige Energie, die Sie in Meditationen erzeugen und herbeibitten können, verpufft, wenn keine Handlung folgt. Denn die Tat ist es, die Energie erdet.

Schreiben Sie also bitte auf: »Ich bin bereit, jeden Tag Folgendes zu tun ...« Und dann machen Sie sich eine Liste, aber keine Bange, Sie brauchen nicht ALLES tun. Lassen Sie Ihrer Fantasie beim Schreiben freien Lauf, die Tat darf Ihnen Freude bereiten!

Eine kleine Handlung. Nur eine.

Es ist immer die Tat, die den entscheidenden Unterschied ausmacht. Sie können noch so großartige Pläne haben, wenn Sie nicht den ersten konkreten Schritt tun, dann werden sie auf der Erde nicht sichtbar und bleiben im Bereich der Wünsche und Träume.

Erfolg, sichtbare Ergebnisse, kommen immer nur über das TUN und hier ist der Unterschied zwischen Träumern und denen, die ihre Träume leben:

Sie TUN etwas.

Lebt man seine Träume, so bringt man seine Energie ganz konkret auf die Erde, indem man sie in die Tat umsetzt. Und zwar konstant, so lange, bis sich ein Ergebnis zeigt.

Also schreiben Sie bitte alle möglichen Handlungen auf, auch wenn Ihnen das ein bisschen verrückt vorkommt – und haben Sie Spaß dabei!

Fertig? Dann nehmen Sie bitte noch einmal Ihre Blätter zur Hand und schauen sich Ihre Listen an. Sie haben eine Menge über Gefühle, über Ihren Willen und über das, was Sie bereit sind, zu tun, geschrieben.

Was nun? Nun streichen Sie alles zusammen, so lange, bis Sie die allerwichtigsten Punkte gefunden haben. Es kann Ihnen helfen, zunächst die Listen bis auf drei Punkte zu kürzen, vielleicht zeigt sich aber bereits jetzt, was wirklich wesentlich ist.

Wozu dient das? Es richtet Ihre Energie aus, Ihnen wird immer klarer, um was es bei Ihren Sorgen tatsächlich geht. Ihre Schöpferkraft braucht klare Worte und klare Absichten. Je eindeutiger Sie wissen, was Sie wollen, umso schneller und zielgerichteter kann sich die Lebensenergie bündeln.

Die »Hefe Ihres Lebens«, Ihre Schöpferkraft, muss genau wissen, wo sie wirken soll, und je klarer Sie das spüren, desto eindeutiger kann sie zur Tat schreiten.

Nehmen Sie sich Zeit zum Kürzen Ihrer Listen, aber nicht zu viel, sonst beginnen Sie, allzu sehr darüber nachzudenken. Ihre Wahrheit sitzt im Herzen, nicht im Kopf. Lassen Sie sich führen, als wüsste Ihre Hand, die den Stift hält, genau, was zu streichen ist. Probieren Sie es aus, Sie werden erstaunt sein, wie zielsicher Ihre Hand den Stift führt und genau die Punkte streicht, die zwar wichtig, aber nicht wesentlich sind!

»Was ist das eigentlich, Schöpferkraft?«, fragen Sie sich möglicherweise. Ich habe sie mit Hefe verglichen, die dafür sorgt, dass Ihr »Teig des Lebens« aufgeht. Nun ja, das ist zunächst ein Bild.

Stellen Sie sich vor, Sie haben einen Traum, eine Absicht, vielleicht auch nur einen kleinen inneren Impuls. Und jetzt? Setzen Sie ihn in die Tat um oder nicht? Glauben Sie, dass Sie Ihr Leben maßgeblich mitgestalten? Sind Sie der Meinung, dass Sie Ihres eigenen Glückes Schmied sind, oder halten Sie das für eine Illusion? Sind Sie Opfer Ihrer Umstände, oder gestalten Sie Ihr Leben selbst?

Wahrscheinlich halten Sie es wie die meisten Menschen: Manchmal gestalten Sie Ihr Leben selbst, doch oft genug wissen Sie nicht, was Sie für eine Verbesserung Ihrer Umstände tun können.

Angst und Zweifel sind bestrebt, Sie zu entmutigen. Ihre Schöpferkraft dagegen hat immer noch irgendein Ass im Ärmel.

Und dieses Ass setzen Sie hier ein, auch wenn Sie das Spiel selbst nicht verstehen.

Sie lassen Ihre Schöpferkraft zum Zuge kommen, auch wenn Sie selbst nicht wissen, wie sie wirkt. Es genügt, wenn Sie ihr erlauben, wirksam zu werden!

Nutzen Sie bitte ein weiteres Blatt, und schreiben Sie die Sorge, die Sie loswerden wollen, das wichtigste Gefühl, das, was Sie am dringlichsten wollen und Ihre Handlung, das, was Sie tatsächlich bereit sind, zu tun, noch einmal auf – jeweils nur einen einzigen, den wichtigsten Punkt.

Die Sorge, von der ich befreit werden will ...

Ich fühle ...

Ich will ...

Dafür bin ich bereit, jeden Tag ...

Sind Sie verwundert oder erleichtert? Nun haben Sie Ihre Sorgen auf den Punkt gebracht. Sie wissen jetzt, was Sie fühlen und was Sie wirklich wollen. Möglicherweise sehen Sie die Dinge aus einem anderen Blickwinkel. Allein das kann bereits sehr hilfreich sein.

Merken Sie sich Ihre tägliche Handlung, und verbrennen Sie jetzt bitte das Blatt mit den wichtigsten Punkten!

**Das Verbrennen symbolisiert
Ihre Absicht, loszulassen.**

Was heißt das eigentlich, etwas loslassen? Ist es nicht absurd, sich etwas zu wünschen und es dann gleich wieder loszulassen? Nein. Sie lassen nämlich nicht den Wunsch los, sondern die Kontrolle darüber, WIE er sich erfüllt. Sie treten innerlich zur Seite und machen dadurch den Weg frei. Loslassen meint: Sie wissen, dass Sie eben NICHT wissen, wie sich Ihre Sorgen in Luft auflösen, und deshalb erlauben Sie dem Leben selbst, sich darum zu kümmern.

Das klingt merkwürdig? Nun, Sie wissen auch nicht, was Ihre Zellen genau machen, wenn Sie sich teilen, oder? Selbst wenn Sie Biologie studiert haben, wissen Sie zwar alles über den Vorgang, aber doch wenig über die Kraft, die dahintersteckt, die Selbstheilungskraft. Sie ist genetisch programmiert, ja. WIE sie wirkt, wissen wir nicht.

So, wie Sie den Stromfluss in der Leitung an dessen Wirkung erkennen (die Lampe leuchtet, wenn Sie sie einschalten), so erkennen Sie die Schöpferkraft an ihrem Wirken. Sie lässt sich nicht messen. Aber dass Sie wirkt, erkennen Sie immer dann, wenn die Dinge sich auf eine Weise regeln, an die Sie im Traum nicht gedacht hätten. Denken Sie immer daran:

Wunder sind geistige Gesetze in Aktion!

Räumen Sie nun die Asche weg, und beginnen Sie, jeden Tag Ihr kleines Ritual durchzuführen. Es spielt keine Rolle, wann Sie es durchführen, die Hauptsache ist, Sie tun es jeden Tag. Entspannen Sie sich, und seien Sie sicher, Ihr Unterbewusstsein weiß, was es tut, und es beginnt bereits in diesem Moment damit, Energie anzuziehen.

Lassen Sie sich führen!

Je bereitwilliger Sie sich von nun an von Ihrer Intuition leiten lassen, desto leichter hat es Ihr Unterbewusstsein,

Sie zur richtigen Zeit zum richtigen Ort zu führen und Ihnen die für Sie perfekte Lösung zu zeigen. Denn:

Wenn du etwas haben willst, was du noch nie hattest, musst du etwas tun, das du noch nie getan hast.

Unbekannt

So, das war's! Den Rest wird das Leben selbst erledigen. Führen Sie täglich Ihre Handlung durch, und freuen Sie sich auf das Wunder der Veränderung!

Häufig gestellte Fragen

Was kann ich tun, wenn es mir sehr schwerfällt zu erkennen, was ich will?

Diese Frage bringt viele Menschen wirklich in Schwierigkeiten – die meisten wissen eher, was sie NICHT wollen.

Machen Sie bitte eine Liste, und schreiben Sie zunächst auf, was Sie in Bezug auf Ihre Sorgen nicht mehr fühlen wollen, welche Situationen Sie nicht mehr erleben möchten. Das verschafft Ihnen die Klarheit, die Sie brauchen.

Dann streichen Sie die Punkte nacheinander durch und schreiben dahinter, was Sie stattdessen wollen. Das kann ziemlich schwierig sein, aber Sie schaffen es!

Rechts sehen Sie ein paar Beispiele, wie Ihre Liste aussehen kann. Lassen Sie sich aber bitte nicht verwirren, diese Sätze beziehen sich auf verschiedene Themen. Kümmern Sie sich bitte jeweils nur um eines.

Was ich nicht mehr will, ist ...	Ich will ...
... Geldsorgen haben.	... finanziell frei und unabhängig sein.
... Ärger im Beruf.	... mich an meinem Arbeitsplatz wohl und anerkannt fühlen.
... Rückenschmerzen.	... einen gesunden, starken und schmerzfreien Rücken haben.
... einsame Sonntage, weil ich allein lebe.	... schöne Sonntagsspaziergänge mit dem Partner machen, den ich liebe.
... mir Sorgen um meine Kinder machen.	... beruhigt und vertrauensvoll an meine Kinder denken.
... mich schlecht fühlen!	... mich gut fühlen!

Wenn Sie also an Ihr Thema denken, was wollen Sie dann? Hinter allem steckt ein tieferes Bedürfnis. Meine Freundin, von der ich Ihnen schon erzählt habe, wünschte sich zwar mehr Geld, in Wahrheit aber ging es ihr um innere Ruhe, um das Gefühl, frei zu sein und sich versorgt zu wissen. Sie wollte keine Angst mehr haben, sondern sich sicher fühlen. Sie wollte keine Kopfschmerzen mehr haben, sondern gelöst und entspannt sein. Sie verstehen das Prinzip. Was also wollen Sie ganz sicher nicht mehr?

Schreiben Sie also alles auf, und kürzen Sie Ihre Liste dann Punkt für Punkt. Jetzt fällt es leichter, richtig?

Was aber ist, wenn die Lösung auf sich warten lässt?

Das kann passieren. Das Leben muss die Lösung immerhin erst entwickeln und die Bedingungen dafür herstellen.

Sie erinnern sich an die mittlere, aber plötzlich auftretende Eiszeit? (Und die war nicht einmal die einzige, denn es gab mehrere Eiszeiten.) Das Leben hat bisher immer einen Ausweg gefunden. Neue Tierarten entstanden, auf einmal waren Säugetiere im Vormarsch. Neue Pflanzen begannen zu wachsen, aber längst nicht mehr so hoch wie noch ein paar Millionen Jahre zuvor – und die Übergangsformen zwischen Affen und Menschen gingen plötzlich aufrecht, weil sie in der verstepptten Landschaft nun weiter sehen konnten, als es ihnen im undurchdringlichen Urwald vor der Eiszeit noch möglich gewesen war …

Auch wir Menschen sind im Grunde eine natürliche Antwort auf ein paar Probleme, die Mutter Natur hatte, und es wird sicher weitere Lösungen geben.

Aber das dauert eine kleine Weile, denn das Leben muss erst die neuen Bedingungen auskundschaften, bevor es Abhilfe schaffen kann.

Darf ich Ihnen zu Ihrer Frage noch zwei Gegenfragen stellen? Glauben Sie, dass Sie erfüllt und zufrieden leben können? Oder haben Sie einen inneren Saboteur?

Seien Sie gnädig mit ihm. Er will Sie nur warnen. Wenn Sie, wie die meisten Menschen, schlechte Erfahrungen gemacht haben, dann werden diese Erfahrungen in einem speziellen Gehirnbereich gespeichert, dem sogenannten Mandelkern. Das Besondere am Mandelkern ist, dass er sich Ihrem bewussten Denken entzieht. Sie können also noch so viel positiv denken und sich geistig immer wieder davon zu überzeugen versuchen, dass Sie alles Gute verdient haben – Ihr Mandelkern sagt Ihnen etwas anderes und ist stärker. Aber das macht nichts.

Gestern habe ich mit einer Bekannten gesprochen, die meinte, sie würde sich so gerne selbständig machen, habe aber Angst. Sie müsse erst alles tun, damit diese Angst verschwände, ob ich nicht einen Tipp für sie hätte. Ja, für solche Situationen habe ich einen Tipp:

Vergessen Sie die Angst, und fangen Sie einfach an.

Wenn Sie warten, bis Sie keine Zweifel mehr haben, wenn Sie glauben, erst hundertprozentig sicher sein zu müssen, dann werden Sie den ersten Schritt nie gehen können. Haben Sie Angst? Machen Sie es dennoch. Natürlich nicht waghalsig und leichtsinnig, lassen Sie sich vernünftig beraten, und erkennen Sie Ihre Möglichkeiten. Lassen Sie sich dabei bitte nicht lähmen und bremsen. Zweifler gibt es viele, und alle haben sie recht. Ja, es stimmt, Sie könnten auf die Nase fallen, verletzt werden oder Geld verlieren. Tun Sie es dennoch, wenn Sie spüren, dass Ihr Weg sonst in eine Sackgasse führt. Warten Sie nicht gelähmt und voller Angst auf den richtigen Zeitpunkt. Er kommt nicht, wenn Sie ihn nicht einladen.

Durch die tägliche rituelle Handlung laden Sie das Leben ein, Sie zeigen Präsenz; die Koffer sind sinnbildlich gesehen gepackt für die große Reise.

Alles, was Ihr Unterbewusstsein braucht, um aktiv zu werden, ist Ihre Bereitschaft, Veränderungen zum Guten für möglich zu halten. Sie brauchen nicht daran zu glauben. Halten Sie es nur für möglich. Wenn selbst das noch zu viel ist, dann erinnern Sie sich bitte daran, dass Sie nicht

ALLES wissen. Wie auch immer Ihre Erfahrungen gewesen sein mögen, das Leben findet immer wieder neue Wege, Sie zur Erfüllung zu führen.

Das Ritual spiegelt ein geistiges Gesetz wider, und als solches kann es gar nicht anders, als wirksam zu sein. Wann immer Sie Ihren Zweifel bemerken, hilft der Satz:

Mein Leben darf sich zum Guten wenden.

Sie brauchen nicht zu wissen, wie. Sie brauchen es nicht einmal »verdient« zu haben. Sie dürfen es einfach erlauben. Und mehr gibt es nicht zu tun.

Wenn ich beim Ritual etwas durchgestrichen habe, heißt das dann, ich fühle oder will es nicht mehr?

Es geht beim Durchstreichen nur um die innere Ausrichtung, um das klare Erkennen dessen, was wesentlich ist. Selbstverständlich ist alles, was Sie aufgeschrieben haben, wichtig. Sie fühlen und wollen all das. Aber was ist die Basis, worauf soll sich Ihr Unterbewusstsein konzentrieren? Stellen Sie sich eine Zielscheibe vor. Sie hat viele Ringe, äußere und innere. Durch das Streichen verlagern Sie nun die Aufmerksamkeit immer weiter ins Zentrum, von außen nach innen. Die Punkte, die ganz am Ende noch auf Ihrer Liste stehen, sind das Zentrum Ihrer Energie, hier ist am meisten Kraft gespeichert, hier bündelt sich Ihr Thema, und deshalb wirkt hier die stärkste schöpferische Kraft.

Manchmal bemerkt man selbst erst in dem Moment, um was es in Wahrheit geht, und allein das setzt einen Prozess in Gang.

Was passiert, wenn ich das Ritual nicht täglich durchführe?

Meine Gegenfrage ist: WARUM führen Sie das Ritual nicht täglich durch? Und die Antwort zeigt auch schon, was energetisch passiert: Wenn Sie das Ritual vergessen, dann fällt die aufgebaute Energie in sich zusammen. Sie lässt sich natürlich wieder aktivieren, aber es zeigt sich, dass Sie bereit sind, sich immer wieder stören zu lassen, also immer wieder von vorn anzufangen statt durchzuhalten. Auch das macht nichts. Es ist ganz einfach. Wenn Sie das Ritual zwischendurch immer wieder vergessen, dauert es eben länger, bis sich echte Veränderungen zeigen – außer, Sie halten die Energie auf andere Weise durch Taten hoch! Vergessen Sie das Ritual nämlich, weil Sie sich sowieso längst um Lösungen kümmern, dann dienen Sie eben auf andere Weise der Erfüllung Ihres Wunsches nach Sorgenfreiheit. Angenommen, Sie machen sich Sorgen um Ihre Tochter, weil diese depressiv und drogengefährdet ist. Sie führen Ihr Ritual durch – und auf einmal ist Ihre Tochter bereit, eine Therapie zu machen. Sie suchen nun also nach einem Therapieplatz, haben Arzttermine, suchen die Drogenberatung auf, besuchen Selbsthilfegruppen für Eltern von drogengefährdeten Jugendlichen – Sie haben einfach keine Zeit mehr für Ihr Ritual. Dann macht es nichts, denn nun kümmern Sie sich ja direkt um die Lösung ...

Wie das funktionieren kann, zeigt diese Geschichte:

Wie das Ritual wirkt, selbst wenn man es gar nicht durchführt!

Ich hörte von diesem Ritual, als ich meine erste, heiß geliebte Katze verlor (sie starb durch eine Krankheit) und ich am gleichen Tag von meinem Arzt erfuhr, dass ich allergisch gegen Katzen bin und besser keine mehr halten sollte. Ich leide an Asthma, und es stimmte, ich war oft schweratmig geworden, wenn mir meine Sissy zu nahe gekommen war, aber ich konnte gut damit leben. Ich hielt einfach ein bisschen Abstand, dann ging es. Ich hatte aber Sorge, dass ich auf eine andere Katze noch allergischer reagieren könnte, keine Luft mehr bekommen würde, mehr Asthmaanfälle durchstehen müsste. Ich hörte also von dem Ritual und entschied, dass ich endlich von dem Asthma befreit werden wollte, um eine Katze haben zu können!

Doch irgendwie kam ich tagelang nicht dazu, das Ritual durchzuführen. Jedes Mal, wenn ich daran dachte, zog sich mein Hals zusammen. Eines Abends setzte ich mich dann doch hin, nahm mir Zeit und einen Stift und wollte beginnen. Es ging nicht, ich war wie vernagelt, völlig blockiert. Dabei war es doch meine größte Sorge, keine Katze haben zu können, ich wusste nicht, warum ich das Ritual nicht durchführen konnte!

Auf einmal begann ich zu weinen, und mir wurde alles klar. Es war mein Herzenswunsch, aber ich war gewohnt, dass sich meine Herzenswünsche sowieso nicht erfüllten. Das, was ich am meisten liebte, wurde mir entweder rasch wieder genommen, oder ich bekam es von vornherein nicht. Das kannte ich zu gut aus meiner Kindheit, meine Eltern ließen sich scheiden, ich musste sehr früh das Loslassen üben, und ich glaube, ich kann es bis heute nicht.

Wenn man zu früh etwas gehen lassen muss, obwohl man es dringend braucht, lernt man nur, dass das Leben sehr schmerzhaft ist und einem niemals das beschert, was man braucht. Loslassen lernt man so mit Sicherheit nicht, eher klammert man sich an allem fest, was einem begegnet, selbst dann, wenn es gar nicht gut für einen ist. Dieses Denkmuster hatte sich durch mein ganzes Leben gezogen, wurde mir plötzlich bewusst, ob das ein Job, ein Mann, ein Tier

oder ein Kind gewesen war, ich bekam niemals das, was ich
mir wirklich wünschte, war aber dennoch nicht bereit, den
Wunsch, den Mann oder den Job gehen zu lassen. Ich hielt
es nicht einmal überhaupt für möglich, Herzenswünsche er-
füllt zu bekommen. Ich glaubte voll und ganz an den Spruch
»Das ist zu schön, um wahr zu sein.« Wenn ich mir etwas als
sehr schön vorstellte, dann konnte es gar nicht geschehen.
Ich wünschte mir unterdessen lieber das Zweitbeste, an das
Beste traute ich mich gar nicht mehr heran, so schmerzlich
war diese Erfahrung, es ohnehin nicht zu bekommen.

Dieses Muster lag wie ein Fluch über mir. Meine erste Kat-
ze war mir zugelaufen, aber ich durfte mich nicht lange an
ihr erfreuen, denn sie war bereits krank, als ich sie bei mir
aufnahm.

Ich erinnerte mich an jenem Abend an all die Situationen,
in denen sich meine Herzenswünsche nicht erfüllt hatten,
und dann wurde mir auf einmal alles klar. Ich bekam zwar
immer alles Mögliche, aber nie das, was ich wirklich wollte.
Das, was ich wirklich brauchte, geschah ohnehin nicht, näm-
lich dass sich meine Eltern versöhnten. Der Wunsch eines
Kindes, natürlich. Aber ich hatte ihn nie losgelassen, ich

hatte nie wirklich akzeptiert, dass wir nie wieder eine Familie bilden würden. So hatte sich in mir eine riesige Wut auf das Leben und sicher auch auf Gott angestaut. Wenn ich an etwas hing, verlor ich es gleich wieder, ich durfte es nicht haben, das Leben enthielt es mir vor.

Ich weinte viel an diesem Abend. Ich musste mich mit dem Schmerz und der Angst auseinandersetzen, niemals das zu bekommen und behalten zu dürfen, was ich liebte, was mir Wärme und Geborgenheit schenkte. Und ich musste endgültig einsehen, dass meine Eltern sich nicht wieder versöhnen würden, dass mein Vater nie wieder zurückkommen würde. Ich war über fünfzig Jahre alt, und es wurde vielleicht langsam Zeit, das zu tun. Aber dazu musste mir erst einmal bewusst werden, dass das kleine Kind in mir noch immer auf ein Wunder hoffte, wie gebannt noch immer auf die Tür starrte, durch die mein Vater die Wohnung verlassen hatte und nie wieder zurückgekommen war.

Gleichzeitig wurde mir klar, dass die Allergie in meinem Leben mit »Nähe zulassen« in Verbindung stand, ich spürte, dass ich meine erste Katze nicht richtig an mich heranlassen konnte, weil ich dann Asthmabeschwerden bekam. Ich hatte also, was ich wollte, aber mein Körper sorgte dafür, dass ich es nicht richtig annehmen konnte.

Auf einmal entschied ich, dass damit nun Schluss sein durfte. Es war mir auf einmal egal, welche Tabletten ich nehmen und wie viel Spray ich verwenden musste, und ich war sogar bereit, ein paar Jahre meines Lebens herzugeben, aber ich würde mit Sicherheit nicht mehr auf etwas verzichten, das mir so sehr am Herzen lag wie eine Katze. Es ging dabei weniger um die Katze als darum, dem Leben nicht mehr zu erlauben, mich mit dem Zweit- oder Drittbesten abzuspeisen. Ich war bereit, den Preis zu zahlen, den es kostete, meine Herzenswünsche wahr werden zu lassen. Wenn das Leben einen Preis forderte, nun, dann sollte es ihn haben.

Ich würde mir meine Wünsche nicht mehr versagen, zumindest nicht die, um die ich mich selbst kümmern konnte. Ich war nun erwachsen, Vieles konnte ich mir selbst erfüllen. Ich entschied mich, eine Familienaufstellung zu machen und mir die Angelegenheit mit meinem Vater anzuschauen, ihm und mir einen guten Platz zu geben, wie ich das schon öfter gehört hatte. Das Ritual führte ich aber auch an diesem Abend nicht durch.

Ich schaute mich einfach am nächsten Tag nach einem Kätzchen um und nahm eines zu mir, in das ich mich sofort verliebte. Es war mir egal, ob ich allergisch reagieren würde oder nicht, ich wollte mir noch nicht mal mehr wünschen, nicht mehr allergisch zu sein – es war mir einfach vollkommen gleichgültig. Ich würde tun, was nötig war, wenn ich meine Asthmaanfälle bekäme.

Ich machte meine Familienaufstellung, verstand eine Menge, weinte viel und fühle mich nun eingebunden in einen großen Kraftstrom. Das Ritual habe ich bis heute nicht durchgeführt. Ich habe trotzdem keinen einzigen Asthmaanfall mehr gehabt ...

Wie oft kann ich das Ritual denn anwenden?

Sooft Sie wollen! Sinnvoller ist allerdings, es einmal durchzuführen und dann jeden Tag die rituelle Handlung auszuüben – bis sie Wirkung zeigt. Das kann Stunden, Tage, aber auch Wochen oder Monate dauern, je nachdem, welche Chance Sie der Veränderung geben! Manchmal braucht es eine Weile, denn es gibt vielleicht noch Energiebarrieren, die ausgeräumt werden müssen. Manchmal stehen wir uns sogar selbst im Weg, und das Leben muss uns erst sanft oder auch weniger sanft zur Seite schieben.

Sollte ich vor dem Ritual meditieren?

Es ist sicher hilfreich, sich ein bisschen zu entspannen, weil Sie sich dann besser konzentrieren können. Wenn Sie oft meditieren und sich damit wohl fühlen, dann tun Sie es, bevor Sie das Ritual durchführen.

Die meisten Menschen aber sind durch ihre Sorgen so weit von innerer Ruhe entfernt, dass es eher hinderlich wäre, zuerst auch noch meditieren zu müssen.

Fangen Sie einfach an. Das Wichtigste und das Einzige, was zählt, ist, dass Sie sich hinsetzen und Ihre Listen schreiben, sie kürzen, den Zettel verbrennen und dann Ihr Ritual durchführen. Machen Sie es nicht zu kompliziert.

Soll ich das Ritual immer auf die gleiche Weise durchführen?

Der Sinn eines Rituals ist es, Energie zu bündeln und die Aufmerksamkeit auf ein bestimmtes Thema oder nach innen zu richten. Wie Sie es durchführen, ist nicht so wichtig, es ist die innere achtsame Haltung, auf die es ankommt.

Es kann sehr hilfreich sein, es immer auf die gleiche Weise durchzuführen, aber es ist nicht notwendig. DASS Sie das Ritual durchführen, ist allerdings wichtig!

Ist es wichtig, dass die Handlung äußerlich sichtbar ist?

Nein, es geht um die Absicht, um das zielgerichtete Handeln. Auch jeden Tag eine kleine Meditation durchzuführen ist eine Handlung. Nur daran zu denken reicht allerdings nicht, Sie müssen es schon TUN ...

Wirkt das Ritual auch bei materiellen Sorgen?

Aber selbstverständlich. Materielle Sorgen sind nicht schwieriger zu lösen als andere, denn letztlich ist alles Energie.

Sie erinnern sich an meine Freundin mit den Geldsorgen? So endete ihre Geschichte:

Meine finanzielle Freiheit

Als Susanne auf mich zukam, mir von dieser Methode erzählte und mich bat, einen Erfahrungsbericht zu schreiben, war ich sehr skeptisch. Nicht, weil ich nicht an Dinge wie Energiefluss glaube, sondern weil mir die Aufgabe, meine Sorge zu formulieren, unlösbar vorkam. Ich weiß nie genau, was ich will und ich konnte mir nicht vorstellen, dass ich überhaupt eine konkrete Sorge habe. Ich war einfach insgesamt irgendwie unzufrieden. Um Zufriedenheit zu bitten, genügte mir aber nicht, ich wollte schon etwas genauer sein, außerdem hatte ich das schon oft genug getan. Das Leben selbst schien zu wollen, dass ich mir bewusster über das wurde, was fehlte.

Wir redeten lange miteinander, Susanne stellte mir eine Unmenge von Fragen, und langsam, aber sicher kristallisierte sich meine Sorge heraus: Ich kam mir von allen Seiten gedrängt und manipuliert vor, weil ich mich finanziell sehr abhängig fühlte.

Ich arbeite selbständig, habe ein kleines Büro, aber nicht viele Kunden, denn ich muss mich ja auch um meine Kinder und um meinen Haushalt kümmern. Ich glaubte also damals nicht, dass ich aus eigener Kraft genug Geld verdienen könnte, um mich und meine Kinder über die Runden zu bringen. Außerdem wäre ich ja, wenn ich es gekonnt hatte, trotzdem noch abhängig gewesen, denn dann hätte ich einen Babysitter gebraucht. Wohin ich schaute, die Situation kam mir äußerst verfahren vor: »Ich kann nicht genug arbeiten, weil ich ja die Kinder habe, ich kann mich also auch nicht um neue Kunden bemühen, deshalb bleibe ich abhängig, deshalb bin ich unzufrieden, deshalb kann ich mich bei der Arbeit nicht wirklich konzentrieren. Weil ich mich aber nicht wirklich konzentrieren kann, traue ich mir gar nicht zu, anspruchsvolleres und damit zahlungskräftigeres Klientel zu betreuen ... Ich bin gefangen in einer Gedankenspirale, und es scheint keinen Ausweg zu geben. Ich drehe mich täglich im Kreis und suche einen Ausweg, aber da ist keiner.«

All das ballte sich in mir zu einer nahezu unerträglichen inneren Spannung zusammen, dabei wünschte ich mir nichts mehr als inneren Frieden. Aber auch das hatte ich mir schon oft vergeblich gewünscht.

Was also wollte ich wirklich? Auf einmal fiel es mir wie Schuppen von den Augen: »Ich brauche finanzielle Unabhängigkeit, egal ob mehr Geld hereinkommt oder ob ich meine Ansprüche herunterschrauben muss. Trotz der meiner Ansicht nach wenigen Möglichkeiten, die ich habe, wünsche ich mir, dass das Leben einen Weg findet, mich zu versorgen oder mich aber lehrt, mit weniger auszukommen. Das Wort Unabhängigkeit ist dabei sehr wichtig. Ob ich das Geld selbst erarbeite oder ob es wie durch Zauberhand in mein Leben fließt, spielt keine Rolle, ich will mich in Geldfragen einfach nicht länger abhängig fühlen. Es würde mir schon genügen, wenn ich mich unabhängig FÜHLE, wenn ich also erkennen würde, dass es in mein Leben fließt, weil es das ist, was ich brauche, egal durch wen es kommt. Ob sich also einfach mein Bewusstsein verändert oder ob sich tatsächlich konkrete Umwälzungen ergeben, ist gar nicht so wichtig, die Hauptsache ist für mich, Freiheit und Unabhängigkeit zu spüren.«

Ich schrieb also nach langem Hin und Her Folgendes auf:

Ich fühle mich unzulänglich, einfach nicht gut genug.

Ich will innere Ruhe, indem ich mehr vertraue.

Mein tägliches Ritual ist, jeden Tag dem Tag selbst für die Möglichkeiten zu danken, die er mir schenkt.

Ich verbrannte den Zettel und begann am gleichen Tag mit dem Ritual.

Und das Wunder geschah. Wie durch Zauberhand hörte mein Telefon gar nicht mehr auf zu klingeln. Gleich am nächsten Tag bekam ich zwei neue Kunden, im Laufe der nächsten Wochen kamen weitere dazu, und ich erhielt die Zusage meines Hauptklienten, mehr für ihn arbeiten zu können, wenn ich mehr Zeit zur Verfügung stellen konnte. Außerdem fragte ein Verlag, ob ich als Übersetzerin für wirklich interessante und spannende Bücher arbeiten wollte, auch wenn sie nicht besonders viel zahlen konnten. Nun ging es um ein Thema, mit dem ich mich schon sehr lange beschäftigen wollte, und das Leben bot es mir auf einem silbernen Tablett an. Ich sagte zu, denn auch das gehört zur Unabhängigkeit. Wenn es mich wirklich interessiert und spirituell weiterbringt, dann muss es möglich sein, mich darauf einzulassen, selbst wenn es finanziell nicht besonders lukrativ ist.

Ich habe unterdessen eine Reinigungskraft, ich denke darüber nach, stundenweise eine Bürokraft zu beschäftigen, und ich habe am Ende des Monats noch eine kleine Summe übrig. Auch wenn es nur zehn Euro sind, die Talsohle ist durchschritten, die Energiemuster haben sich verändert, mein Leben erweitert sich und bringt Fülle und Wachstumsmöglichkeiten.

Gestern nun habe ich den ultimativen Test erlebt. Ich hatte einen Unfall, an dem ich meiner Meinung nach nicht schuld war. Wir holten die Polizei – gut, rein rechtlich gesehen war ich wohl doch schuld. Ich haderte mit meinem Schicksal, *fand die Situation total ungerecht und bekam Panik bei der Idee, Geld zusammenzukratzen, mich um alles kümmern zu müssen. Ich wusste nicht, wer mir helfen konnte und wo ich noch etwas einsparen konnte, um die vier- oder fünfhundert Euro Reparaturkosten zu finanzieren. Ich hatte vor etwa einem halben Jahr eine ähnliche Situation und mich deshalb tagelang fast verrückt gemacht. Dieser Zustand, der mich früher um den Schlaf gebracht hatte, dauerte diesmal genau fünf Minuten an. Dann rief ich meinen Partner an – und wie durch ein Wunder klappte plötzlich alles. Mein Auto konnte noch am gleichen Tag von einem Freund repariert werden, ich brauchte nur für die Teile aufzukommen. Ich erkannte, wie viele hilfsbereite Menschen in meinem Leben waren. Ich war nicht allein und verlassen, wie ich es trotz meiner Beziehung, die schon einige Jahre andauert, immer empfunden hatte! Noch vor kurzer Zeit hätte auch mein Partner nichts ausrichten können, er hätte entweder keine Zeit gehabt oder die Freunde wären zu beschäftigt gewesen, und ich hätte keine oder nur widerwillige Unterstützung bekommen. Mein Hauptklient bot mir an, einfach noch ein bisschen mehr für ihn zu arbeiten (ich kenne ihn auch privat, deshalb konnte ich ihm mein Leid klagen), das Geld floss also ganz leicht zu mir, ich brauchte an keiner anderen Stelle etwas einzusparen. Ich war und blieb im Frieden mit mir und der Welt, es kam nicht zu dem emotionalen Drama, das ich damals erlebt hatte. Ich weiß heute, im Gegensatz zu früher, nicht mehr genau, wie viel in meinem Geldbeutel ist und was mein Konto sagt – ich weiß aber, ich bin versorgt mit allem, was ich brauche. Und morgen kümmere ich mich um eine Bürokraft.*

Ich kann nicht genau sagen, was da wirkt, vielleicht ist es der Entschluss, dass sich endlich etwas ändern muss, vielleicht auch die Bereitschaft, Veränderung zuzulassen. Jedenfalls wirkte das Ritual so rasch und nachhaltig, dass ich nun ein neues Ritual durchführen werde:

Ich brauche mehr Zeit, um all das umsetzen zu können, was mir das Leben auf einmal anbietet und werde darum bitten, erkennen zu können, wo ich noch Kraft und Zeit verschwende ...

Noch ein Beispiel, wie das Ritual auch bei ganz konkreten materiellen Sorgen hilft:

Das neue Auto

Meine Sorge war ganz einfach: Ich wollte ein Auto, das funktioniert, wusste aber nicht, ob ich es überhaupt »verdient« hatte, ein neueres Auto zu fahren, denn mein altes war durchaus noch fahrtauglich – vorausgesetzt, es sprang erst einmal an. Ich wollte einfach nicht zu anspruchsvoll und undankbar sein, ich hatte alles, was ich brauchte und wollte dem Universum keine Umstände machen.

Aber im letzten Winter sprang es bei feuchtem Wetter wirklich nicht mehr an, alles Zureden war umsonst, zu reparieren gab es nichts, weil nichts wirklich kaputt war. Der Pannendienst hatte viel Freude mit mir, und ich konnte nie sicher gehen, dass ich wirklich zur richtigen Zeit dort ankam, wo ich hinwollte. Ich machte mir viele Sorgen darüber, ob ich noch zuverlässig war, und die Antwort war natürlich »Nein!«

Ich musste ein paar Mal meinen Freund bitten, mich zur Arbeit zu fahren, und das ging einfach nicht mehr. Ich tue mich wirklich schwer damit, mir etwas Neues zu kaufen, wenn das Alte noch irgendwie okay ist, aber ich hatte das klare Gefühl, es passte nicht mehr zu meiner Energie, sie war höher geworden, ich durfte jetzt ein neueres Auto haben, eines, das meine Bedürfnisse besser erfüllen würde.

So. Ich wusste erstens nicht, woher das Geld kommen sollte und hatte zweitens wirklich keine Idee, was ich mit meinem bisherigen Auto machen sollte. Es war wirklich alt, ein kleiner Minibus. »Das kauft kein Mensch«, sagte der Mechaniker, der mein Auto kannte. Ich hatte sowieso kein gutes Gefühl dabei, es zu verkaufen, es sprang ja nun mal nicht an, wem sollte ich das bitte zumuten? (Mir konnte ich es anscheinend sehr gut zumuten, aber ich kann ja auch viel mehr aushalten als alle anderen ... Das ist vielleicht eine blöde Einstellung, oder?)

Ich konnte mich nicht entscheiden, dann kamen wieder ein paar trockene Tage und mein Auto lief wie am Schnürchen. Brauchte ich also wirklich ein anderes?

Endlich kam ein Anstoß von außen, ich hörte von dem Ritual und führte es durch. Auf dem Zettel, den ich schließlich vor mir hatte, stand:

Ich fühle Hilflosigkeit und Lähmung.

Ich will Freiheit.

Dafür bin ich bereit, jeden Tag eine kleine gute Tat zu vollbringen, und sei es, einer griesgrämig dreinblickenden alten Dame zuzulächeln.

Ich begann, die Handlung auszuführen und ließ die Sache damit los. Ich hatte, wie gesagt, keine Idee, wohin mit meinem Auto, schon gar nicht, was für ein anderes Auto ich dann haben wollte. Ich liebte den Minibus wirklich, und er war ungeheuer praktisch. Ich konnte mir überhaupt nicht vorstellen, wieder mit einem langweiligen Kleinwagen herumzufahren.

Ich führte also jeden Tag mein Ritual durch und spürte immer mehr, dass es völlig okay war, das Auto loszulassen. Einmal sprang es eine Woche lang nicht an, und da hatte ich es endlich verstanden und gab mir die Erlaubnis, es zu verkaufen. Ich fragte einige Händler, sie wollten mir noch zweihundert Euro dafür geben. Einer sagte gar, er würde den Bus kostenlos abholen und dann verschrotten, das sei die einzige Möglichkeit für mich, ihn loszuwerden. Ich streichelte mein Auto und versprach ihm, einen wirklich guten Platz für ihn zu finden. Kaum hatte ich die Entscheidung getroffen, es nun wirklich zu verkaufen, sprang es übrigens wieder an.

Plötzlich war dann überall grünes Licht. Meine Bereitschaft, loszulassen und etwas für mich Passenderes zu bekommen, war endlich wirklich vorhanden, und diese Bereitschaft gab den Startschuss. Ich wusste, ich würde den perfekten Käufer für mein Autochen finden und den idealen Gebrauchten für mich sehen, irgendwo würde er herumstehen und mir ins Auge springen. Ich bin selbstständig, auf einmal kam etwas Geld herein, weil ein Kunde plötzlich zahlte – die Zeichen standen auf »Los!«

Eines Tages fuhr ich eine Strecke, die ich normalerweise nicht fahre, aber ich folgte allen Impulsen, denn das Universum wusste ja besser als ich, wo mein neues Auto stand. Und da sah ich ihn – einen türkis-metallic schillernden Kleinwagen mit aufgeklebten Wimpern um die Frontscheinwerfer. So süß, so weiblich und so total kitschig, dass ich wirklich lachen musste. »Der passt zu mir«, dachte ich. Ein Auto mit Wimpern zu fahren, ist so albern, dass es wirklich Mut braucht, jedenfalls für mich. Ich habe in solchen Situationen dann Angst, nicht mehr ernst genommen zu werden. Aber mein inneres Kind hüpfte vor Freude.

Unterdessen hatte sich ein Mann aus Jena gemeldet. Er würde mein Auto kaufen, sagte er, es sei egal, ob es anspringe oder nicht, er sei von Beruf LKW-Fahrer und kenne sich aus. Außerdem habe er eine große Familie, und dann könnten endlich mal alle Kinder mitfahren.

Pünktlich zum vereinbarten Termin kam der Käufer, mein Auto sprang an, er gab mir vierhundert Euro, erzählte mir, im Osten würden diese Autos mit fünfzehnhundert gehandelt. Wir hatten also beide ein gutes Geschäft gemacht, ich habe auf sehr leichte Weise mehr bekommen, als mir jeder Händler geboten hatte, ich wusste den Minibus in guten Händen, und er hatte ein Auto mit TÜV für einen Preis bekommen, der für ihn geradezu ein Witz war. Ich schaute dem Bus hinterher und segnete ihn, aber ich wusste, er war nun in guten Händen.

Ich kaufte mein Wimpernauto und konnte es sogar bar bezahlen. Ich freue mich jedes Mal, wenn ich es auf dem

Parkplatz stehen sehe. Dann zwinkert es mir zu, und wir erobern gemeinsam die Welt.

Mein Ritual behalte ich dennoch bei, es tut mir gut, jeden Tag ein kleines bisschen Licht zu bringen ...

Was kann ich tun, wenn ich viele Sorgen habe?

Sie haben gar so viele Sorgen, dass Sie gar nicht mehr wissen, wo Ihnen der Kopf steht? Dann schreiben Sie all Ihre Kümmernisse auf, es wird sowieso Zeit, dass Ihnen einmal jemand zuhört, oder? Das Papier hört Ihnen zu.

Nehmen Sie sich Zeit, Ihre Sorgenliste zu schreiben.

Wenn Sie damit fertig sind, heißt es: das Wichtigste zuerst. Heute kümmern Sie sich um Ihre Hauptsorge, um das, was Ihnen am dringlichsten erscheint. Suchen Sie also aus der Liste jene Sorge heraus, die vielleicht einen Schlüssel darstellt oder die Sie am meisten drückt – um den Rest kümmern Sie sich später.

Und jetzt seien Sie stolz auf sich. Das Wichtigste haben Sie nun bereits erledigt. Sie schauen Ihrem Thema mutig direkt in die Augen.

Selbstverständlich können Sie das Ritual sooft durchführen, wie Sie möchten – für jede Sorge extra, falls es verschiedene schwierige Themen in Ihrem Leben gibt.

Kann ich das Ritual auch für andere machen?

Ja und nein. Wenn das Verhalten eines anderen Ihnen Sorge bereitet, dann ist es ja Ihre Sorge, und Sie können durch das Ritual Abhilfe schaffen. Das heißt nicht, dass sich das Verhalten des anderen dann unbedingt ändert. Es wäre schön, aber jeder hat nun einmal seinen freien Willen, selbst wenn er sich und anderen damit schadet. Aber bestimmt können Sie anders mit dem Verhalten des anderen umgehen, Sie finden zum Beispiel Frieden oder Klarheit, können sich besser abgrenzen oder finden auf andere Weise Hilfe.

Manchmal aber gibt es auch Wunder, wie die folgende Geschichte zeigt:

Eine Klientin kam zu mir und war krank vor Kummer, denn sie hatte sich unsterblich in einen verheirateten Mann verliebt. Auch er sagte, er liebe sie, sei unglücklich in seiner Ehe, wolle seine Frau aber nicht verlassen. Selbstverständlich klingelten in ihrem Umfeld sämtliche Alarmglocken; all ihre Freundinnen rieten ihr, sich aus der Beziehung herauszuhalten. Sie selbst dagegen spürte, dass hier etwas Großes und Wichtiges geschah. Wir führten das Ritual durch, damit sie Klarheit finden konnte, denn sie wusste wirklich nicht, ob sie den Kontakt weiter bestehen lassen oder ihn abbrechen sollte. Ihre Vernunft und ihr Gewissen sagten natürlich, dass sie sich schleunigst zurückziehen sollte, ihr Herz aber sagte »Bleib!«.

Das Ritual durchzuführen, fiel ihr schwer, sie fühlte Wut, Angst, Ärger, Ohnmacht, aber auch sehr viel Liebe. Sie wollte ihn lieben, sich geliebt fühlen, mit ihm glücklich sein – all ihre Ängste und ihre innere Zerrissenheit kamen an die Oberfläche. Immerhin hatte sie nun das Gefühl, etwas zur Lösung ihres Problems beitragen zu können, und sei es nur, jeden Tag eine Kerze anzuzünden.

Folgende E-Mail bekam ich gleich am nächsten Tag: »Abends haben wir dann noch lange telefoniert, und er sagte, dass die Dinge für ihn plötzlich so klar seien, und dass er mit MIR zusammen sein und mit mir alles erleben möchte, dass die Gefühle, die er für mich habe, so groß seien und so wundervoll, dass er das alles nicht mehr missen wolle ... Er habe aber auch große Angst vor dem Gespräch mit seiner Frau, weil sie wohl derzeit für die Beziehung kämpfe, er sich aber emotional schon weit entfernt habe und sie ohnehin kaum noch an sich ranließe ... Er meinte, er müsse jetzt für das Gespräch Kraft tanken, damit er sich allen Fragen ihrerseits stellen könne. Diese Kraft, meinte er, schöpfe er aus meiner Liebe, ist das nicht schön?«

Hätte seine Frau nun dieses Ritual durchgeführt, wäre er dann nicht in Schwierigkeiten gekommen? Nein. Denn es ging ja um Klarheit, nicht darum, dass er sich auf die eine oder andere Weise verhalten sollte. Es hätte genauso gut sein können, dass er auf einmal gespürt hätte, dass er die

Ehe nicht gefährden wollte – oder dass meine Klientin gemerkt hätte, dass dieses ganze Hin und Her so nervenaufreibend war, dass sie sich zurückziehen wollte, bis er wüsste, was er wollte und sich entsprechend verhalten hätte.

Hätte seine Frau das Ritual durchgeführt, dann hätte es passieren können, dass sie schneller ihr Trennungsgespräch bekommen hätte, als ihr lieb gewesen wäre, aber sie hätte dann Klarheit gehabt und die unbefriedigende Situation verlassen können. Das Ritual wirkt wie ein Katalysator, wie ein Reaktionsbeschleuniger auf das, was ohnehin ansteht, aber durch Angst oder andere Gründe verhindert wird.

Wenn Sie das Ritual in Bezug auf eine andere Person durchführen, dann ist es wichtig, dass Sie IHRE Gefühle aufschreiben. Was bewirkt das Verhalten des anderen bei Ihnen? Und wie wollen Sie sich fühlen?

Dann nämlich ist es Ihre Geschichte, und dann wirkt das Ritual. Sie können nicht dafür sorgen, dass sich ein anderer so verhält, wie Sie das gern hätten, selbst wenn dies für den anderen sehr viel gesünder oder besser wäre. Sie können aber dafür sorgen, dass Sie selbst anders damit umgehen können und dadurch öffnet sich sehr, sehr oft auch beim anderen eine Tür – wenn diese Tür denn vorhanden ist. Wenn nicht, dann werden Sie die Kraft finden, loszulassen oder auf andere Weise um Hilfe zu bitten.

Kann man ein Ritual für ein gemeinsames Problem auch gemeinsam durchführen?

Aber selbstverständlich, das ist eine wundervolle Idee! Schreiben Sie Ihre Listen gemeinsam, reden Sie darüber – beim Kürzen der Listen werden Sie sicherlich bemerken, dass Sie unterschiedliche Wertigkeiten haben. Das macht nichts, es geht um das Bewusstwerden dessen, was wichtig ist, es darf verschieden sein. Verbrennen Sie gemeinsam Ihren letzten Zettel. Vielleicht finden Sie eine gemeinsame Handlung, aber auch wenn beide für das gleiche Thema unterschiedliche Handlungen ausführen, wirkt das Ritual.

Auf welche Weise kann die Wirkung eintreten?

Auf jede nur erdenkliche ... Erinnern Sie sich an meine Klientin, die Probleme mit dem Arbeitsklima in ihrer Abteilung hatte? Als Beispiel erzählt sie Ihnen hier ihre Geschichte:

Die Entscheidung

Letztes Jahr baten meine Kollegin Sabine und ich bei unserem Chef um ein Gespräch wegen der untragbaren und kontraproduktiven Arbeitssituation in unserer Abteilung. Ganz gespannt ging ich hin und erwartete das übliche Gespräch – der Chef erklärt seinen Mitarbeitern, was er nicht gut findet, was geändert werden muss, weil sonst ...

Umso erstaunter war ich, als mein Chef ohne Umschweife zur Sache kam und um Papier und Bleistift bat. Dann stellte er seine erste Frage, die etwa so lautete: »Was und wie fühlt sich jeder von euch?« Gar nicht so einfach, wirklich nur die eigenen Empfindungen zu benennen. Hier ging es doch – scheinbar – um Berufliches, also um Fakten, oder?

Als ich mich von dieser Sicht gelöst hatte, spürte ich tatsächlich eine Menge Gefühle: Ärger über das Chaos, das hier herrschte. Die Unmöglichkeit, etwas daran ändern zu können und zu dürfen löste ein Gefühl der Unzulänglichkeit bei mir aus. Daraus resultierte ein Zustand, den ich am ehesten mit einer inneren Kündigung beschreiben würde. (»Ist mir doch egal, wie das hier weiterläuft. Ist ja schließlich nicht mein Laden.«) Wut empfand ich bei dem Gedanken, dass so lange Zeit weggeschaut worden war, dass endlose Diskussionen ohne eine einzige konkrete Entscheidung geführt worden waren, Diskussionen um belanglose Dinge, die aber den ganzen Betrieb aufhielten.

Auf der anderen Seite gefiel mir die Arbeit sehr. Ich hatte eine Menge Ideen, wie das Betriebsklima verbessert, die Arbeit effektiver gemacht und die Arbeitszeiten strukturiert werden konnten. Diese Überlegungen gaben mir das Gefühl von Freude, Begeisterung, Tatendrang, Eroberungslust und Freiheit. Ganz zum Schluss ortete ich auch noch das Gefühl der Überlegenheit, weil ich natürlich, von außen kommend (ich hatte nicht lange zuvor angefangen, in der Firma zu arbeiten), einen unverstellteren Blick für das Ganze hatte.

Das war also der Cocktail, der sich bei mir zusammengebraut hatte und den ich jetzt mit etwas gemischten Empfindungen kredenzte. Zu meiner großen Erleichterung ging es aber meinen beiden Kollegen nicht viel anders, wobei schon deutliche Unterschiede zwischen den Äußerungen von Sabine und mir einerseits und Thomas andererseits zu sehen waren. Thomas redete fast ausnahmslos von dem, was er seiner Meinung nach tun müsse, aber nicht könne. Er meinte, er könne uns beide nicht zufriedenstellen. Erst nach mehrfacher Aufforderung des Chefs gab er zu, dass er sich unglücklich und unzulänglich fühle.

Mein Chef notierte unsere Aussagen, für jeden getrennt, auf einem Blatt Papier. Als nächstes stellte er uns die Frage »Was will jeder von euch?« und nahm gleich einen neuen Stapel Papier, um unsere Antworten wieder festzuhalten.

Das war nun doch um einiges leichter. Bei mir sprudelten die Sätze nur so: Ich wollte die Abteilung neu strukturieren, die Öffnungszeiten verlängern, die Kunden freundlicher und zuvorkommender behandeln, die Verkaufsräume schöner gestalten, Tage der offenen Tür veranstalten, eine Teeküche einrichten, mehr Geld verdienen, mich voll und ganz in die

Arbeit stürzen und noch vieles mehr. Sabine war da schon etwas vorsichtiger, denn »eigentlich« wollte sie nur noch weg. Sie sah keinen Sinn mehr in der Schufterei, wollte wieder mehr zu Hause sein und hatte im Übrigen »die Nase ziemlich voll«, wusste nicht wirklich, ob sie hier überhaupt noch irgendetwas ausrichten wollte. Thomas wollte vor allem keine solch unbequemen Kolleginnen wie uns, er wollte alles weitgehend so lassen, wie es bis jetzt war, weil doch »eigentlich« seine Ideen immer gut und seiner Meinung nach nur die Umstände schuld daran waren, dass »im Augenblick« Sand im Getriebe war.

Danach kam die dritte Frage des Chefs: »Was ist jeder von euch bereit, dafür zu tun?« Na, das fand ich ja eine Unerhörtheit! War das nun sein Laden oder unserer? Er war dran, hier was zu tun, aber doch nicht ich! Ich hatte mich bereits einige Wochen bis zur Erschöpfung engagiert, allerdings ohne erkennbaren Fortschritt und vor allem ohne erkennbaren Gewinn für mich. Was wollte er denn noch von uns?

Weil auch die beiden anderen etwas verblüfft schauten, erklärte mein Chef dann etwas ausführlicher das System, das dahintersteckte. Zum Glück sagte er gleich zu Anfang, dass unser Angebot nichts mit dem Job zu tun haben müsse, sondern etwas völlig anderes sein könne. Vor allem müsse es nichts sein, wobei wir uns enorm anstrengen müssten (ich hatte gleich vorausgesetzt, dass es auf jeden Fall anstrengend sein müsse, um zu wirken).

Bei dieser dritten Antwort musste ich dann doch etwas länger überlegen: Sollte ich wirklich etwas angeben, was mir vielleicht sogar Spaß machen würde? Ehrlich gesagt kam mir das ziemlich selbstbetrügerisch vor. Ein wenig Anstrengung müsste doch bestimmt dabei sein! So entschloss ich mich anzubieten, jeden Tag eine Viertelstunde spazieren zu gehen. Als Alternative könnte ich zum Beispiel jeden Tag eine halbe Stunde meditieren oder jeden Tag etwas für mich zu kochen (das hätte ja zusätzlich noch einen gesundheitlichen Aspekt).

Sabine bot an, jeden Abend einen Gang zu einem Brunnen in ihrem Wohnort zu machen oder jeden Tag eine Stunde für sich allein zu reservieren.

Thomas war sprachlos – und blieb es auch! Schließlich schlug unser Chef ihm vor, er könne doch zum Beispiel anbieten, jeden Tag eine Viertelstunde mit seinen Kindern zu spielen oder jeden Tag eine Viertelstunde für sich zu Hause Musik zu hören.

Wieder wurden die Antworten auf getrennte Blätter geschrieben. Dann gab mein Chef jedem von uns die entsprechenden Notizen und forderte uns auf, bis auf drei Positionen alle anderen zu streichen. Ich fand das nun etwas seltsam. Erst hatte ich mich angestrengt, einen Sack voller Ideen zu schnüren, und dann sollte ich das meiste davon wieder aussortieren! Na gut, das Ganze hatte schon merkwürdig begonnen, und dann war doch klar, dass es nur merkwürdig weitergehen würde.

Nach einigem Hin und Her hatten wir drei unsere Listen auf jeweils drei Positionen verkürzt, und ich glaubte mich am Ende der Prozedur. Weit gefehlt, denn die nächste und letzte Aufgabe war, lediglich die uns am wichtigsten erscheinende Position zu jeder der drei Fragen stehen zu lassen, und das hieß nochmaliges Aussortieren. Das war richtig schwer!

»Überleben« durften bei mir das Gefühl der Begeisterung für etwas Neues, der Wille, mehr Geld zu verdienen und die freiwillige Verpflichtung, jeden Tag etwas für mich zu kochen. Das Gleiche machten Sabine und Thomas – letzterer mit erkennbaren Zweifeln ob der Wirksamkeit dieser Methode. Dann ließ sich mein Chef ein Feuerzeug geben, sammelte unsere zuletzt beschriebenen Zettel ein – und verbrannte sie! Ich war froh, dass ich mir gemerkt hatte, was ich aufgeschrieben hatte!

Damit war unser »Arbeitsgespräch« beendet! Mein Chef meinte nur, dass wir jetzt am besten einfach weiterarbeiten sollten. Er wisse nicht, was passieren würde, es sei aber ganz klar, dass etwas passieren würde! Na super! Da hatte ich gehofft, hier würden Veränderungen beschlossen, und nun das! Dass etwas passieren würde, konnte ja sein, ich hätte dann aber gerne gewusst, wann!

Erstaunlicherweise war aber der ganze Groll, den ich vor dem Gespräch gespürt hatte, wie weggeblasen. Ich konnte mir das nicht erklären, fand es aber sehr angenehm. An diesem Abend hatte ich noch ein langes Gespräch mit Thomas und konnte trotzdem eine Reihe von Arbeiten erledigen, die vorher liegen geblieben waren.

Nun hatte ich mich also selbst dazu verdonnert, jeden Tag für mich zu kochen. Es gibt sicher Schlimmeres, als jeden Tag am Herd zu stehen und sich eine Mahlzeit zuzubereiten. Mein Durchhaltevermögen wurde aber schon sehr auf die Probe gestellt, denn für mich hieß das, abends um 21 Uhr oder noch später mein Essen zu brutzeln. Ich war wirklich sehr gespannt, ob sich durch diese Aktion etwas an unserer Arbeitssituation ändern würde (abgesehen von meinem zusätzlichen Vorhaben, abends früher nach Hause zu fahren).

Nach zwei Tagen fragte mich mein Chef, ob mir eine Veränderung aufgefallen sei. Das konnte ich insofern bejahen, als ich auf einmal wieder gern an meine Arbeit ging und mir alles leichter vorkam.

So vergingen etwa zwei Wochen, ohne dass spektakuläre Ereignisse eintraten. Dann allerdings ging es Schlag auf Schlag. Der Ton zwischen Thomas und Sabine verschärfte sich an einem Tag von Stunde zu Stunde, ohne dass ich mir erklären konnte, was denn eigentlich los war. Sabine stöhnte, sie könne ihn nicht mehr sehen. Thomas erschien nicht mehr im Büro, sondern erklärte, er würde von zu Hause aus arbeiten. Mein Chef schimpfte, dass er ihm das verboten habe, und ich kam mir vor, als hätte ich es mit einer Horde Irren zu tun!

Innerhalb von drei Tagen eskalierte diese Situation dermaßen, dass Sabine kündigen wollte. Zum Glück suchte sie vorher das Gespräch mit mir. Bis zu diesem Moment hatte ich mir verschiedene Szenarien vorgestellt, wie die Arbeitssituation entspannt werden könnte. Was mir immer wieder klar wurde, war, dass Thomas hier nicht am richtigen Platz war – nicht am richtigen Platz für sich selbst, aber auch nicht am richtigen Platz für das Büro und den Laden.

Nun eben erzählte Sabine mir von ihren Kündigungsabsichten, und in dem Moment hörte ich mich sagen: »Warum willst Du kündigen? Wir sprechen mit dem Chef und bieten ihm an, die Abteilung ohne Thomas zu führen!« Als der Satz gesagt war, erschrak ich fast über meine eigenen Worte, wusste aber gleichzeitig, dass sie absolut richtig waren. Sabine starrte mich an, lachte dann laut und meinte, dass sie genau auf diese Aussage von mir gewartet habe.

Wir riefen unseren Chef an und baten ihn, möglichst noch am gleichen Tag bei uns vorbeizuschauen. Er sagte zu, traf pünktlich zur abgesprochenen Uhrzeit ein und hatte die zweite Geschäftsführerin mitgebracht, was mir wiederum signalisierte, dass er wusste, welche Wichtigkeit dieses Gespräch haben würde. Ohne viel Umschweife kamen wir zur Sache: Wir boten ihm an, die Verantwortung für die Seminarabteilung in unsere eigenen Hände zu nehmen und damit einen Neubeginn nicht nur im räumlichen, sondern auch im personellen Bereich zu starten. Er schien nicht allzu überrascht zu sein. Natürlich stellte sich die Frage nach dem Verbleib von Thomas, und aufgrund der Tatsache, dass er für eine Familie zu sorgen hatte, war hier eine gute Lösung notwendig. Mein Chef wollte sich in Ruhe am Abend darüber Gedanken machen, dies mit seiner Partnerin besprechen und uns am nächsten Tag seine Entscheidung bekanntgeben.

Thomas bekam die Kündigung – wie wir nach und nach erfahren haben, gab es zum Ende des Jahres viele Beschwerden über seine Art und Weise, mit Kunden umzugehen, die bei unserem Chef dazu führten, dass wir »offene Türen« einrannten. Sabine wurde zum selben Zeitpunkt krank, und so stand ich ab Mitte Dezember allein da, mit einem Haufen Arbeit, die für mich völlig neu war – schließlich war ich zu dem Zeitpunkt gerade mal zwei Monate als Aushilfe dort. Inzwischen haben wir unseren eigenen Stil gefunden und setzen ihn immer öfter ein und durch.

Sabine bekam zum Jahresanfang einen Arbeitsvertrag als Ganztagskraft, das heißt, sie ist finanziell abgesicherter als mit ihrem Aushilfsvertrag. Thomas erhielt bis April sein Gehalt weiter und arbeitet jetzt wohl hauptsächlich mit seinen Kindergruppen (was er sich immer gewünscht hatte, aber wozu er aus Angst vor finanziellen Problemen vorher wohl nie den Mut aufgebracht hatte).

Mein Fazit: Innerhalb doch recht kurzer Zeit fand ein totaler Umbruch statt, der zunächst wie eine Katastrophe aussah – zumindest für Thomas. Von außen betrachtet würde ich aber sagen, dass dieser Umbruch längst überfällig war und es deshalb eines kräftigen Schubses bedurfte, damit etwas Neues entstehen konnte.

Erstaunlich, was alles davon abhängen kann, dass ich mir selbst etwas koche!

Eine andere Art, auf die das Ritual wirken kann, zeigt folgendes Erlebnis:

Schlamperei ...

Ich leite seit vielen Jahren ein Unternehmen und konnte mich bis jetzt immer auf meine Mitarbeiter verlassen – bis auf eine Angestellte, die ich vor einiger Zeit als sehr unordentlich empfand. Ich hatte ihr unzählige Male gesagt, wie ich mein Unternehmen geführt wissen mochte, aber sie reagierte schnippisch und trotzig. Kündigen wollte ich ihr damals nicht, denn die Arbeit selbst erledigte sie sehr gut, außerdem mochte ich sie auf der persönlichen Ebene wirklich gerne. Ich räumte im Laden hinter ihr her, rückte die Waren zurecht, begann, sie zu kontrollieren, und ich wurde immer wütender. Ich konnte aber nichts sagen, denn ich wusste selbst, dass ich im Grunde ein bisschen übertrieb. Ich hatte jedoch tatsächlich Sorge, mein Laden könnte langsam verwahrlosen, zumindest seine besondere ästhetische Wirkung verlieren. Eine Kündigung schien immer unumgänglicher zu werden.

Im letzten Moment, ich hatte die Kündigung schon ge-schrieben, aber noch nicht ausgesprochen, lernte ich das Ritual kennen. Da ich wirklich nicht weiterwusste und bei dem Gedanken an die Kündigung regelrecht Kopfschmerzen bekam – denn, wie gesagt, die Arbeit selbst erledigte meine Mitarbeiterin sehr gut –, war ich offen für jede Art von Un-terstützung. Ich setzte mich also hin und überlegte, was ich fühlte, was ich wollte und was ich bereit war, dafür zu tun.

Am Ende stand auf dem Papier:

> Ich fühle Wut.
>
> Ich will Frieden.
>
> Dafür bin ich bereit,
> jeden Tag eine Kerze anzuzünden.

Ich verbrannte den Zettel und begann, das Ritual durchzu-führen. Die Kündigung legte ich zunächst beiseite, denn ich wollte der Sache noch diese eine Chance geben.

Schon ein paar Tage später spürte ich, dass ich weitaus gelassener und entspannter reagieren konnte. Ich erkannte wieder, wie wertvoll die Arbeit meiner Mitarbeiterin war, auch wenn die Art, wie sie sie ausführte, noch immer nicht zu meiner vollen Zufriedenheit geschah. Mein innerer Kampf gegen meine Angestellte hörte auf, ich war ruhig und konnte sie wieder für das loben, was sie an Gewinn brachte. Der Widerstand endete, und tatsächlich, das, was ich mir am sehnlichsten wünschte, nämlich Frieden, kehrte nach und nach ein. Es war ein langsamer Wandel, nichts Aufregendes passierte, es gab einfach einen sanften Wechsel zum Guten. Sie wurde ordentlicher, fragte mich nun öfter, wie ich bestimmte Dinge gerne erledigt haben wollte, während ich über einiges hinwegsah und ihre Qualitäten wieder zu schätzen begann.

Der Trick ist, den Wunsch wirklich ernst zu nehmen und dann loszulassen. Egal wie die Lösung ausgefallen wäre, auch wenn ich ihr hätte kündigen müssen, ich wusste auf einmal, es wird gut. Und so ist es nun auch gut.

Sie können also vorher nicht wissen, wie das Leben reagiert. Wenn wir uns noch einmal die Schöpfung des irdischen Lebens anschauen, dann erkennen wir, dass es so viele äußerst merkwürdige und auf eine so geniale und faszinierende Weise an ihre Umgebung angepasste Tiere und Pflanzen gibt, dass wir unmöglich voraussagen können, welche Ergebnisse die Schöpferkraft liefert. Wir können aber eines voraussagen: Sie wird Ergebnisse liefern. Das tut sie immer; sie kann gar nicht anders. Die Schöpferkraft nimmt jede Herausforderung an, kein Thema kann so groß oder unlösbar sein, dass ihr nicht noch etwas dazu einfällt.

Nachwort

Liebe Leserin, lieber Leser,

haben Sie es ausprobiert? Konnte Ihnen das Ritual Frieden, Gelassenheit oder was immer Sie brauchen, verschaffen? Das würde mich sehr freuen.

Es ist nur ein Ritual, nur eine Möglichkeit, Zeit zu verbringen. Aber es ist wie jedes Ritual eine Methode, die inneren Kräfte zu fokussieren, sie auf einen Punkt zu richten, sich über das klar zu werden, was man wirklich will und braucht und dafür zu sorgen, dass es, auf welche Weise auch immer, eintritt. Sie werden zum Schöpfer Ihres eigenen Lebens, wenn Sie Rituale durchführen, sei es dieses oder jedes andere, denn Sie erlauben der Ihnen innewohnenden Schöpferkraft und Weisheit, bewusst und zielgerichtet wirksam zu werden.

Schon das allein ändert vielleicht die Weise, wie Sie sich und Ihr Leben wahrnehmen, es erlöst Sie aus der Opferrolle und führt Sie hinein in das Reich des Erschaffens, des Schöpfens. Denn sind wir nicht auf der Erde, um den Himmel hierherzubringen? Nun, Ihr Leben ist das Ihnen zugewiesene Stück Himmel auf Erden. Wir können gemeinsam das Paradies erschaffen, jeder verwirklicht nur seinen eigenen kleinen Anteil, und am Ende haben wir es zusammen geschafft.

So trauen Sie sich, Ihre Sorgen und deren Erlösung ernst zu nehmen, geben Sie nicht auf, lassen Sie die Angst und die Enttäuschung nicht zum Leitfaden werden, bitten Sie um Kraft, und machen Sie sich erneut auf den Weg – auch wenn es schwerfällt. Aber diejenigen, die ihn gehen, werden am Ende immer belohnt. Am Ende werden Sie wissen, wofür Sie sich stark gemacht haben, am Ende werden Sie wissen, dass Sie Ihr Leben, egal wie erfolgreich Sie waren, wirklich gelebt haben. Wenn wir die Verantwortung für unser Glück tatsächlich zu tragen beginnen, bekommen wir die Kraft, mit Enttäuschungen umzugehen, gleich mitgeliefert. Ganz besonders aber bekommen wir die Kraft, immer wieder aufzustehen, es noch einmal zu probieren, nicht aufzugeben, uns selbst treu zu bleiben – das zu tun, was wir selbst tun können – den Rest erledigt die göttliche Ordnung selbst.

Ich wünsche Ihnen nun sehr viel Freude und Lebendigkeit beim Erschaffen Ihres Stückes Himmel auf Erden!

Wir brauchen ihn dringend.

Besuchen Sie Susanne Hühn auf ihrer Website:
www.susannehuehn.de